안네 프랑크

온 세상에
이야기를
들려준 소녀

린다 엘로비츠 마셜 글 오라 루이스 그림 이순영 옮김

북극곰

안네는 평생 사람들에게 이야기를 들려주고 싶었어요.

누군가 자신의 이야기에 귀 기울여 주기를 바랐지요.

안네는 아기였을 때 엄청 크게 울었어요.
아장아장 걸을 때는 우스꽝스러운 행동으로 사람들을 웃게 했지요.
조금 더 커서는 자신의 생각을 말하기 시작했어요.

때로는 아무도 듣지 않았어요. 말하기 어려운 일도 있었지요.
또 가끔은 아무도 자신을 이해하지 못하는 것 같았어요.

안네는 1929년 6월 12일, 독일의 프랑크푸르트에서 태어났어요.
안네의 가족은 다른 유대인 가족들처럼 수백 년 동안 독일에서 살았어요.
그런데 안네가 태어나고 몇 년이 지나자 독일에서의 삶은 완전히 달라졌어요.
아돌프 히틀러라는 사람이 권력을 잡았거든요.
히틀러와 그를 따르는 나치는 독일에서 생기는 문제가
유대인 때문이라고 비난했어요.

안네의 가족을 포함해 모든 유대인이 위험에 처했어요.

안네가 네 살이 되자 가족은 안전한 곳을 찾아 독일을 떠났어요.
이웃 나라인 네덜란드의 수도 암스테르담으로 갔지요.

그곳에서 안네는 네덜란드어를 배우고,
자전거 타는 법과 읽고 쓰는 것도 배웠어요.

안네는 장난치는 걸 좋아했어요.
2층 발코니에서 지나가는 사람 머리 위로 물을 뿌리기도 했어요.
학교에서는 쉴 새 없이 수다를 떨었어요.
특히 농담과 수수께끼를 좋아했지요.

1940년, 안네는 열한 살이 되었어요. 히틀러와 나치가 네덜란드까지 쳐들어왔어요. 유대인의 삶은 독일에서처럼 다시 위험해졌어요.
나치는 유대인에게 엄격한 규칙을 시행했어요.
아무도 나치에 반대하는 목소리를 낼 수 없었어요.
반대하는 목소리를 내면 누구든 끌려가 죽임을 당했어요.

하지만 안네는 누군가에게
말하고 싶었어요.

누군가 자신의 이야기에
귀 기울여 주기를 바랐어요.

열세 번째 생일날, 안네는 선물을 받았어요.
자물쇠가 달린 빨간색 일기장이었어요!
안네는 일기장에 '키티'라는 이름을 지어 줬어요.

안네는 일기장에 모든 걸 썼어요.
마음속에 있는 감정과 생각을 키티에게 털어놓았지요.

안네는 모든 유대인에게 금지된 것에 대해서 썼어요.

자전거를 탈 수 없고,
영화관에 갈 수 없고,
공원에서 놀 수 없고,
공립학교에도 다닐 수 없었어요.

유대인에게 새로 생긴 규칙에 대해서도 썼어요.
유대인은 노란 별을 옷에 달고 다녀야 했어요.

안네는 유대인 학교에서 선생님이 자신을 '수다쟁이'라고 부른 일도 썼어요.

'수다쟁이'에 관한 시를 써서 선생님에게 칭찬받은 일도 썼어요.

안네는 일기를 쓰면 새로운 방식으로
자신의 마음을 표현할 수 있다는 걸 깨달았어요.

자신의 이야기를 들려줄 수 있게 된 거죠.

1942년 어느 아침이었어요.
안네의 열세 번째 생일이 얼마 지나지 않은 날이었지요.
엄마는 이른 새벽에 안네를 깨웠어요.
마침내 도망을 가야 하는 시간이 온 거예요.
유대인에게는 암스테르담도 너무 위험해졌거든요.
안네의 가족은 숨어야 했지요.

안네는 옷을 잔뜩 껴입었어요.
가장 아끼는 물건들을 챙기고
일기장을 먼저 가방에 넣었어요.

안네와 가족들은 어떤 창고의 뒤쪽에 있는 비밀 장소로 들어갔어요.
그 창고는 예전에 아빠가 운영하던 곳이었어요.
다른 네 사람도 함께 그곳에 숨었어요.

　　　모두 안전한 장소가 필요한 유대인이었지요.

믿을 만한 몇몇 친구들만이 안네의 가족과 다른 사람들이 있는 곳을 알았어요.
유대인이 아니었던 그 친구들은 여전히 창고에서 일했어요.
그래서 먹을 것과 필요한 것을 쉽게 전해 줄 수 있었어요.

안네는 숨어 지내면서도 평소처럼 생활하려고 애썼어요.
영화배우 사진으로 벽을 꾸몄어요.
공부도 계속하고, 책을 읽고 또 읽었어요.

하지만 숨어 지내는 건 어렵고 외로운 일이었지요.

낮에는 숨어 있는 사람들 모두 살금살금 걷고 속삭여야 했어요.
창고에서 일하는 다른 사람들 눈에 띄면 바로 잡혀갈 수 있으니까요.
잡히면 감옥에 가거나 더 끔찍한 일을 당할 수도 있어요.

안네는 조용해졌어요. 농담도 못하고,
친구들과 수다도 떨지 못하고, 장난도 치지 못하게 되었으니까요.
가끔은 정말 아무 말도 하지 않았지요.

하지만 안네는 오랫동안 말없이 있을 수 없었어요.
대신 숨어 지내는 생활에 대해 쓰기 시작했어요.
안네는 모든 걸 털어놓았어요.
말할 수 없는 이야기를 적었어요.

안네는 생일과 휴일에 대해 쓰고,
친구들을 보고 싶어 하는 마음을 쓰고,
새들의 노랫소리를 듣고 싶은 바람을 썼어요.

아빠의 머리를 깎아 드린 일과
창고의 고양이와 시간을 보낸 일도 썼어요.
다락방 창문으로 밖을 내다보고
사람들을 살펴본 이야기도 썼어요.

안네는 자연과 햇빛과 자유를 그리워하는 마음을 썼어요.

하늘에서 터지는 무서운 폭탄 소리에 대해서도 썼어요.

사람들이 평화롭게 함께 살면 좋겠다는 바람도 썼지요.

여덟 명의 사람들이 매일같이
너무 가깝게 붙어 지내는 이야기도 썼어요.

안네는 마음속 이야기를 키티에게 다 털어놓았어요.
키티는 언제나 안네의 이야기를 들어 주고 이해해 주었지요.

엄마와 다투거나 언니가 미울 때,
　　눈물이 날 것 같을 때에도
　　　　안네는 키티에게 다 털어놓았어요.

누군가 자신의 일기를 읽으려 해서 화가 날 때나
　　말을 잘못해서 혼났을 때에도
　　　　키티에게 다 털어놓았어요.

밖으로 나갈 수 없게 된 안네는 이야기를 만들어 냈어요.

세상을 보기 위해 탐험을 떠나는 곰,
사람들을 행복하게 해 준 착한 요정,
손녀의 수호천사가 된 할머니 이야기…

일기장에 물이 쏟아졌을 때 안네는 울고 싶었어요.
허둥지둥 물을 닦아 냈지요.
자기가 쓴 글이 물에 젖어 사라질까 봐 속상했거든요.

안네는 2년 동안 숨어 지내면서 소리 내어 말할 수 없는 걸 썼어요.
전쟁이 끝나면 비밀 장소의 삶에 관한 책을 출판하고 싶었어요.

하지만 1944년 8월 4일, 나치 경찰이 비밀 장소를 찾아냈어요.
안네의 가족과 친구들은 모두 체포되었어요.
감옥에 갇히거나 더 끔찍한 일을 당했어요.
나치 경찰이 떠난 뒤에 안네 일행을 돕던 한 친구가
안네의 일기장을 발견하고 몰래 간직했어요.
전쟁이 끝나면 안네에게 돌려줄 수 있기를 바랐지요.

안네는 1945년 겨울에 세상을 떠났어요.
전쟁이 끝나기 바로 몇 주 전이었어요.
비밀 장소에 숨어 지낸 여덟 명의 유대인 중에
안네의 아빠만 살아남았어요.

전쟁이 끝난 뒤, 그 친구는 일기장을 안네의 아빠에게 전해 줬어요.
아빠는 안네가 쓴 글들을 모아 책으로 출간했지요.
'안네의 일기'로 세상에 알려진 바로 그 책이에요.
그때부터 '안네의 일기'는 전 세계 70개 언어로 번역되었어요.

전쟁은 안네의 입을 막으려 했지만,
안네는 모든 걸 글로 남겼어요.

안네는 말하지 못한 이야기를 썼고

온 세상이 그 이야기를 들었어요!

안네 프랑크: 온 세상에 이야기를 들려준 소녀

안네 프랑크는 1929년 6월 12일, 독일의 프랑크푸르트에서 태어났습니다. 안네는 오토 프랑크와 에디트 프랑크 부부의 둘째 딸이었습니다. 안네의 가족은 오랫동안 독일에서 살아온 유대인 집안이었습니다. 1933년 히틀러와 나치가 독일을 점령했을 때, 독일에 살던 유대인은 위험에 처했습니다. 유대인뿐만 아니라 동성애자, 집시, 장애인, 여호와의 증인, 흑인, 반체제 인사들이 모두 위험했습니다. 안네의 가족은 안전한 곳을 찾아 1934년에 네덜란드로 이주했습니다. 하지만 히틀러의 군대는 영역을 확장해 1939년에 폴란드를 점령했고, 곧이어 1940년에는 네덜란드도 점령했습니다. 히틀러와 나치는 유럽에 있는 모든 유대인을 학살할 계획을 세웠습니다. 목숨이 위태로워진 안네의 가족은 다른 유대인들 네 명과 함께 숨을 곳을 찾았습니다. 판 펠스 가족과 프리츠 페퍼였습니다. 안네는 숨어 지내는 동안 자신의 모든 감정을 일기장에 쏟아 냈습니다. 말할 수 없는 이야기를 글로 썼습니다. 안네는 빨리 전쟁이 끝나 자유를 찾고 싶었습니다. 하지만 그 바람은 이루어지지 않았습니다. 1944년 8월 4일, 숨어 지내던 비밀 장소가 발각되었습니다. 여덟 명은 모두 체포되었고 나치 강제 수용소로 보내졌습니다. 안네와 언니 마고트는 1945년 2월~3월경에 세상을 떠났습니다. 정확한 사망 날짜는 알려지지 않았습니다. 안네의 엄마를 비롯해 다른 다섯 명도 가스실에서 죽거나 질병으로 사망했습니다. 안네의 아버지인 오토 프랑크만 유일하게 살아남았습니다. 전쟁이 끝난 뒤, 안네의 아버지는 유대인 여덟 명을 비밀 장소에 숨겨 준 비유대인 친구 미프 기스에게 안네의 일기장을 건네받았습니다. 미프 기스는 여덟 명이 체포된 후에 안네의 일기장을 발견하고 소중히 간직했습니다. '안네의 일기'는 1947년에 처음 출간되었으며, 지금까지 전 세계 70개 언어로 번역되어 3,000만 부 이상 팔렸습니다. 전 세계 사람들이 가장 많이 읽은 책 중의 한 권입니다.

연대표

1925년 5월 8일 — 안네의 부모인 오토 프랑크와 에디트 홀렌더가 결혼했다.

1925년 7월 18일 — 아돌프 히틀러의 자서전 『나의 투쟁』이 출간됐다.

1926년 2월 16일 — 안네의 언니 마고트가 태어났다.

1929년 6월 12일 — 안네가 태어났다.

1929년 10월 29일 — 전 세계적으로 주식 시장이 무너지고, 많은 나라들이 경기 침체에 빠졌다. 미국에서는 대공황이 시작되었다.

1933년 1월 30일 — 아돌프 히틀러가 독일 수상으로 임명되었다.

1933년 4월 1일 — 히틀러의 나치가 독일인들이 유대인 상점, 의사, 변호사를 이용하는 것을 금지했다.

1933년 7월 4일 — 오토 프랑크가 네덜란드 암스테르담에 '오페카'라는 회사를 세웠다.

1933년 7월 14일 — 독일이 나치 이외의 다른 정당을 금지하면서 민주주의가 파괴되고 독재 정권이 수립되었다. 히틀러와 나치가 모든 것을 통제하기 시작했다. 공개적으로 히틀러와 나치에게 반대 의견을 표하면 끔찍한 일을 당했다.

1933년 12월~1934년 2월 — 안네와 마고트와 엄마가 암스테르담으로 이주했다. 안네는 바로 네덜란드 학교에 입학했다.

1935년 9월 — 독일에서는 '인종법'을 제정하여 유대인의 권리를 모두 빼앗았다. 유대인과 비유대인 사이의 결혼도 불법이 되었다.

1938년 11월 9일 — "크리스탈나흐트"(수정의 밤) — 나치가 독일과 오스트리아 전역에 있는 유대교 회당, 유대인 사업체, 유대인 집을 파괴했다.

1939년 9월 1일 — 독일이 폴란드를 침략했다. 이에 영국과 프랑스는 독일에 전쟁을 선포했다.

1940년 5월 10일 — 독일이 네덜란드를 공격하여 점령했다.

1941년 10월 — 네덜란드에 사는 유대인 어린이들은 일반 공립학교에 다니는 것이 금지되었고, 유대인 전용 학교에만 다닐 수 있도록 제한되었다.

1941년 12월 7일 — 일본이 진주만을 폭격했다. 그에 따라 미국은 일본에 전쟁을 선포했다. 그러자 독일도 일본을 지지하며 미국에 전쟁을 선포했다.

1942년 1월 20일 — 베를린에서 나치 정부가 유럽에 살고 있는 1100만 명의 유대인 학살 계획을 세웠다.

1942년 5월 3일 — 네덜란드에서 여섯 살 이상의 유대인은 유대인을 표시하는 노란 별을 옷에 달도록 했다.

1942년 6월 12일 — 안네의 열세 번째 생일. 자물쇠가 달린 일기장을 생일 선물로 받았다.

1942년 7월 5일 — 마고트가 독일로부터 호출 통지를 받았다. 안네의 가족은 호출되어 간 사람들은 모두 돌아오지 못한다는 것을 알고 있었다.

1942년 7월 6일 — 안네의 가족은 서둘러 암스테르담의 프린센그라흐트 263번지에 가서 숨었다. 나중에 판 펠스 가족과 프리츠 페퍼가 들어왔다.

1944년 6월 6일 — 디데이(D-Day, 공격 개시일) — 연합군이 프랑스에 진입했다.

1944년 8월 4일 — 나치 게슈타포(독일 비밀 국가 경찰)가 비밀 장소를 급습하여 안네의 가족과 친구들을 체포하고 감옥에 가두었다.

1944년 8월 8일 — 안네와 다른 사람들은 네덜란드의 웨스터보르크 임시 수용소로 보내져서 학살 수용소로 이송되기를 기다렸다.

1944년 9월 3일 — 안네와 다른 사람들은 폴란드에 있는 나치의 대규모 학살 수용소인 아우슈비츠로 보내졌다.

1944년 10월~11월 — 안네와 마고트는 또 다른 나치 강제 수용소인 독일의 베르겐-벨젠으로 보내졌다.

1945년 1월 6일 — 안네의 엄마 에디트 프랑크가 아우슈비츠 수용소에서 사망했다.

1945년 1월 27일 — 러시아 군대가 아우슈비츠 수용소를 해방시켰다.

1945년 2월 또는 3월(정확한 날짜 알 수 없음) — 안네와 마고트는 굶주림과 비위생적인 환경 속에서 점점 약해져서 베르겐-벨젠 나치 강제 수용소에서 티푸스로 사망했다. 안네는 당시 열여섯 살이었다.

1945년 5월 8일 — 브이이데이(VE Day, 유럽 전승 기념일) — 나치가 전쟁에서 패하고 유럽이 해방되었다.

1945년 6월 3일 — 비밀 장소의 유일한 생존자인 오토 프랑크가 암스테르담으로 돌아왔다.

1945년 7월 18일 — 오토 프랑크가 안네의 일기장을 건네받았으며, 안네와 마고트의 죽음을 전해 들었다.

1947년 6월 25일 — 안네의 일기가 네덜란드에서 출간되었다.

작가의 말

나는 미국 유대인 3세로, 제2차 세계 대전 직후 미국 보스턴 외곽에서 자랐습니다. 그래서 나치, 히틀러, 반유대주의에 대해서는 잘 듣지 못했습니다. 사람들이 쉬쉬하면서 얘기하는 것을 우연히 들었을 뿐입니다.

예를 들어, 우리 집에서 가까운 골목 모퉁이에 한 소년이 살았습니다. 그 소년은 스카이콩콩 같은 장난감을 가지고 있었는데, 나는 그게 무척 부러웠습니다. 내가 그 장난감에 대해 물어보려고 하자 우리 부모님은 낮은 목소리로 소년의 부모님이 수용소 출신이라고 말해 주었습니다. 그러곤 아무것도 궁금해 하지 말라고 속삭였습니다.

내가 5학년이었을 때, 히브리어 선생님은 50대 후반이었는데, 눈 밑이 푹 꺼지고 무척 허약해 보였습니다. 선생님은 제2차 세계 대전 당시 저항 운동을 하다가 나치 강제 수용소에 투옥되었다고 말했습니다. 선생님 팔뚝에는 번호가 새겨져 있었지요. 그 선생님의 이름은 칼 코헨이었습니다. 칼 코헨 선생님은 『안네의 일기』를 읽어 보라고 권했습니다.

나는 『안네의 일기』에 감동과 영감을 받아 일기를 쓰기 시작했습니다. 몇 년 후에 하버드 대학에서 수학 교수로도 일하던 칼 코헨 선생님에게 다시 히브리어를 배우게 되었습니다. 선생님은 자신의 아내를 소개해 주고, 문학과 철학 그리고 시민권을 위한 미국의 투쟁 역사에 대해서도 알려 주었습니다. 많은 좋은 선생님들처럼, 그는 내게 좋은 친구이기도 했습니다. 내 막내딸의 이름도 그의 이름에서 일부 따왔습니다.

안네의 이야기를 책으로 다시 풀어 내는 것은 코헨 선생님을 위한 것이기도 하고 홀로코스트로 목숨을 잃은 6백만 유대인을 위한 것이기도 하고, 모든 인류를 위한 것이기도 합니다. 역사학자 시몬 두브노프는 "기록하라. 유대인들이여, 기록하라!"라고 말했습니다. 아이들에게 전해 주세요. 절대 잊지 말아야 할 역사입니다.

내 자녀와 손주들이 반유대주의와 불평등이 없는 세상에서 살기를 바랍니다.
홀로코스트를 기억하며, 생존자들에게 경의를 표합니다. 소중한 가족, 친구들, 거티 보야르스키,
칼 코헨, 시드니 글루크스만, 리비 글루크스만, 우리가 바바라고 부르는 미리암 런던에게 이 책을 바칩니다.
그리고 유대인이라는 이유로, 다르다는 이유로 죽임을 당한 수백만 명의 사람들에게 이 책을 바칩니다.

_린다 엘로비츠 마셜

부모님과 수잔 프라이만, 예디디아 프레이먼에게 사랑을 담아 이 책을 바칩니다.

_오라 루이스

린다 엘로비츠 마셜 글

모험과 글쓰기와 독서와 여행을 좋아하는 어린이 책 작가입니다.
유아교육학을 가르치고, 문화인류학을 공부하고, 서점을 운영하기도 했습니다.
가족들과 농장의 동물들에게 많은 영감을 얻습니다. 가족과 함께 뉴욕에 살고 있습니다.

오라 루이스 그림

전 세계를 여행하는 일러스트레이터이자 작가입니다. 뉴욕의 스쿨 오브 비주얼 아트(SVA)에서 공부했습니다.
패션과 문화, 색채, 사회적 활동 등에서 영감을 얻습니다. 책, 잡지를 포함해 여러 출판물에 그림을 그립니다.
예루살렘 출신인 오라는 남편과 세 딸과 함께 뉴욕에 살고 있습니다.

이순영 옮김

강릉에서 태어나 자랐고, 한국외국어대학교에서 영어를 공부했습니다. 이루리와 함께 북극곰 출판사를 설립하고
책을 만들고 있습니다. 그동안 번역한 책으로는 『당신의 별자리』 『안돼!』 『곰아, 자니?』 『똑똑해지는 약』
『한밤의 정원사』 『우리 집에 용이 나타났어요』 등이 있습니다.

북극곰 궁금해 시리즈 5

안네 프랑크 은 세상에 이야기를 들려준 소녀

2021년 1월 10일 초판 1쇄

글 린다 엘로비츠 마셜 ‖ 그림 오라 루이스 ‖ 옮김 이순영
편집 이지혜, 노한나 ‖ 디자인 전다은, 기하늘 ‖ 마케팅 최은애
펴낸이 이순영 ‖ 펴낸곳 북극곰 ‖ 출판등록 2009년 6월 25일 (제 300-2009-73호)
주소 서울시 마포구 독막로 320 B106호 ‖ 전화 02-359-5220 ‖ 팩스 02-359-5221
이메일 bookgoodcome@gmail.com ‖ 홈페이지 www.bookgoodcome.com
ISBN 979-11-90300-72-8 77400 | 979-11-89164-60-7 (세트) ‖ 값 15,000원

Anne Frank: The Girl Heard around the World
Text copyright © 2020 by Linda Elovitz Marshall
Illustrations copyright © 2020 by Aura Lewis
All rights reserved.
This Korean edition was published by BookGoodCome in 2021 by arrangement with
Orchard Books, an imprint of Scholastic Inc. through KCC(Korea Copyright Center Inc.), Seoul.

이 책은 (주)한국저작권센터(KCC)를 통한 저작권자와의 독점 계약으로 북극곰에서 출간되었습니다.
저작권법에 의해 한국 내에서 보호를 받는 저작물이므로 무단 전재와 복제를 금합니다.
「이 도서의 국립중앙도서관 출판예정도서목록(CIP)은 서지정보유통지원시스템(http://seoji.nl.go.kr)과
국가자료공동목록시스템(http://www.nl.go.kr/kolisnet)에서 이용하실 수 있습니다. (CIP제어번호:CIP2020039755)」

제품명 : 도서 | 제조자명 : 북극곰 | 제조국명 : 말레이시아 | 사용연령 : 3세 이상
주의! 책 모서리가 날카로우니, 던지거나 떨어뜨려 다치지 않도록 주의하세요.